한글의
철학적 의미

한글의
철학적 의미

조홍길 지음 |

ㄱㄴㄷㄹㅁㅂㅅㅇㅈㅊㅋㅌㅎ
ㅏㅐㅑㅒㅓㅔㅕㅖㅗㅛㅜㅠㅡㅣ

목차

한글은 1443년에 조선의 왕 세종이 창제하고 1446년에 반포한 문자이다. 그리하여 한글은 주로 언어학적 측면에서 국내외적으로 많이 연구되어 왔다. 최근에는 한글이 철학적인 측면에서도 연구되고 있지만 음양오행 사상에 끼워 맞추는 방향으로 한글 창제원리가 연구되고 있을 뿐이다.

『훈민정음 해례본』의 「제자해」에서는 "천지자연의 이치는 오직 하나의 음양오행뿐이다. …그러므로 성음도 모두 음양의 이치가 있을 것인데, 생각해보니 사람들이 잘 살피지 않았을 뿐이다. (天地之道, 一陰陽伍行而已 … 故人之聲音, 皆有陰陽之理, 故人不察耳)"[1]라고 하여 음양오행 사상이 한글 창제의 밑바탕에 있음을 천명하였다. 따라서 한글을 언어학적 측면에서 연구하고 음양오행 사상에 비추어 그 창제원리를 살펴보는 작업은 당연하고 그럴듯한 작업이라고 일단 생각된다. 하지만 그러한 작업은 한글 창제의 원리를 밝혀주는 작업으로서는 의미가 있을 테지만 성리학적 사고방식을 재현하여 고리타분하게 답습하는 데 불과할 수 있다. 그러므로 한글의 철학적 의미는 21세기 한국에서 다시금 새롭게 탐구되어야 한다. 그렇기 때문에 음양오행 사상에 얽매여 한글의 창제원리를 살펴보는 작업은 한글의 철학적 의미를 충분히 밝혀주지 못할 것이다.

프랑스의 언어학자이자 철학자인 줄리아 크리스테바는 "언어학적 사

---

1   김슬옹, 『훈민정음 해례본』, 박이정, 2018, p.167.

고는 결국 철학과 사회에 밀접하게 연결되어 있는 것으로"[2] 보았다. 앞에서 보았다시피 한글도 마찬가지다.

한글 창제와 반포는 그 당시 조선 사회에서는 엄청난 국책 사업이었을 것이다. 그리고 그것은 후세에도 결정적 영향을 끼칠 수 있는 역사적 사업이기도 했다. 그렇기 때문에 음양오행 사상과 같은 성리학적 사고방식에만 비추어서는 한글의 철학적 의미를 충분히 드러낼 수 없을 것이다. 그런데 우리는 한글을 사용하는 후손의 입장에 있다. 따라서 우리는 한글이 창제된 당대의 철학과 사회에 비추어 한글을 사고해야 할 뿐만 아니라 오늘날의 사회와 철학과 관련해서도 한글을 사고해야 할 의무가 있다. 이러한 의무는 한글 창제의 정신과도 상통한다고 여겨진다. 한글 창제의 정신은 새로운 시대를 만드는 것이기 때문이다.

우리는 한글이 세상에서 가장 과학적인 문자이고 배우기 쉽고 쓰기 편한 문자, 디지털 시대에 적합한 문자이므로 세계 공용어가 되어야 한다고 주장하기도 한다. 한글의 위대성을 드러내고 싶은 사람들이 그런 주장을 펼치곤 한다. 세계 공용어란 그런 근거로 채택될 수 있는 건 아니다. 한국인들은 이런 주장에 쌍수를 들고 환영하겠지만 한국인이 아닌 세상 사람들은 코웃음 칠 것이다. 이런 주장도 철학적 근거가 있어야 세상 사람들에게 먹혀들어 갈 수 있을 것이다. 바로 이런 맥락에서도 한글의 철학적 의미를 밝히는 작업은 중요하다고 할 수 있을 것이다.

---

2   줄리아 크리스테바, 『언어, 그 미지의 것』, 김인환 · 이수미 옮김, 민음사. 1997. p.5.

그리하여 이 글에서는 우선 한글 창제의 원리를 살펴보고 그다음 음양오행 사상과 삼재三才 사상을 살펴볼 것이다. 그러고 나서 음양오행 사상의 한계와 의의를 살펴볼 것이다. 그다음에 주돈이의 「태극도설」을 통하여 태극 사상을 살펴보고 태극 사상의 현대적 의의를 탐구할 것이다. 더 나아가서 『주역』과 『천부경』을 통해서 삼재 사상을 잠깐 살펴볼 것이다. 그러고 나서 뜨거운 감자인 한글의 기원을 살펴보고 마지막으로 한글의 철학적 의미를 제시할 것이다.

이렇게 우리가 한글의 철학적 의미를 탐구해야 할 이유가 무엇일까? 우리는 한민족의 후예로서 조상의 훌륭한 문화적 유산을 계승하고 발전시킬 의무가 있기 때문이다. 한글 창제 당대의 철학적 배경을 이해하는 일도 중요한 일이다. 하지만 더 중요한 일은 현대적으로 그 배경을 해석해야 하는 일이다. 그런데 오늘날 한글 연구는 언어학적 연구에만 매달리거나 아니면 한글 창제원리인 음양오행 사상에만 국한되어 있다. 이는 한글 창제와 보급을 극구 반대했던 최만리 무리와 같이 고루한 일이다. 그래서 오늘날의 한글 연구는 새로운 시대를 열려는 한글 창제의 정신과는 거리가 멀지 않을 수 없다.

오늘날 지구촌은 기후 온난화로 말미암아 남북극의 빙하가 녹아 대폭 감소하고 홍수, 가뭄, 한파, 폭염 등의 기상이변이 속출하고 있다. 그리고 영구동토에 봉인된 치명적 바이러스가 풀려나와 사람은 물론 지구의 동물들을 감염시킬 위험도 커지고 있다. 이대로 가다가는 지구의 생태계가 완전히 파괴되어 인간을 위시한 생물의 대멸종으로 이어질 우려가 점차 커지고 있다. 그런데 과학적으로도 지구온난화가 19세기 이래의 산업 활동의 결과라는 것이 점점 더 확실하게 증명되고 있다. 따라서 지구온난화는 우리가 무시할 수 없는 엄연한 사실이다.

그렇다면 지구온난화를 막아 생태계를 보존하려면 19세기 산업혁명 이후의 산업 활동에 따른 온실가스의 배출량을 줄이는 수밖에 없다. 물론 UN 등의 기후협약을 통해 인류는 온실가스 배출량을 줄이려고 노력하고 있지만 그것만으로는 지구온난화를 막기에는 아주 부족하다. 우리의 삶 자체가 생태적으로 변화하는 것이 필요할 것이다. 우리가 일상적으로 사용하는 언어가 생태적이라면 삶 자체의 생태적 변화에 큰 도움을 줄 수 있을 것이다. 바로 이런 점에서 한글은 생태적 언어이므로 이 생태적 변화에 큰 기여를 할 수 있을 것이다. 그리하여 한글이 지구 역사에 새로운 시대를 여는 열쇠가 될 수 있지 않을까 생각된다.

1

한글 창제의 동기

세종이 한글을 창제한 동기는 『훈민정음 해례본』의 세종 서문에 명확하게 나와 있다.

우리나라 말이 중국말과 달라 한자와 서로 잘 통하지 않는다. 이런 까닭으로 어린 백성이 말하고자 하는 바가 있어도 끝내 제 뜻을 펴지 못하는 사람이 많다. 내가 이것을 가엾게 여겨 새로 스물 여덟 글자를 만드니 모든 사람들로 하여금 쉽게 익혀서 날마다 쓰는데 편안하게 하고자 할 따름이다.[3]

세종의 말을 미루어볼 때 한글 창제의 동기는 민주주의 사상과 민족주의적 정신이 그 밑바탕에 있다고 한글학자 허웅은 해석했다.[4] 그러나 세종의 서문이 민주주의 사상과 민족주의적 정신과 상통하는 바가 있긴 하

3　『훈민정음 해례본』,「세종서문」, 國之語音, 異乎中國, 與文子不相流通. 故愚民有欲言, 而終不得
　　伸其情者多矣. 予爲此憫然, 新制二十八字, 欲使人人易習使於日用耳.

4　허웅,『한글과 민족문화』, 세종대왕기념회, 1974, p.3.

지만 허웅의 이러한 해석은 조금 무리한 해석이 아닌가 생각된다. 왜냐하면 세종이 현명한 군주이지만 엄연히 조선의 왕이었고 유교 문화의 시대적 한계를 벗어났다고 할 수 없기 때문이다. 세종의 서문에서 보다시피 그는 왕이 백성에게 은혜를 베푸는 듯한 자세를 보이는 게 분명하다. 그리하여 삼강오륜이 지배적이었던 조선과 같은 왕조사회에서 민주주의 사상을 거론한다는 것은 시대착오적인 견해라고 여겨진다. 민주주의 사상이 아니라 민본民本 사상, 애민 정신이라고 해야 온당할 것 같다. 그리고 조선의 민족적이고 문화적인 자주성과 전통을 강조하려는 세종의 뜻과 부합되려면 민족주의적 정신이 아니라 단군신화에 나오는 홍익인간弘益人間의 정신을 거론하는 것이 더 자연스러워 보인다. 따라서 세종이 한글을 창제한 동기의 밑바탕에는 민주주의 사상과 민족주의 정신이 아니라 홍익인간의 정신과 민본 사상, 애민 정신이 깔려있다고 보아야 할 것이다.

고려는 불교국가였지만 고려를 멸망시키고 개국한 조선은 고려와는 다른 유교 국가를 지향하였다. 세종은 태조와 태종의 뒤를 잇는 조선 제4대 왕으로서 유교적 문화를 창달하여 그 문화적 초석을 다져야 할 사명이 있었다. 세종은 국제정치적인 역학관계에서는 명나라에 사대할 수밖에 없었지만 조선의 자주적 문화를 일으켜 세워야 했을 것이다. 몽골이 송나라를 멸망시키고 원 제국을 건설했을 때 원나라 황제 쿠빌라이가 몽골문자를 만들었다는 점을 우리는 상기해야 한다. 말과 문자의 통일이야

말로 민족공동체의 문화적 자주성을 지키고 민족을 통합하기 위해 반드시 필요한 일이었기 때문이다.

세종도 국제정치학적으로는 어쩔 수 없이 명나라에 사대하고 중국의 문화적인 우수성을 인정하였지만 우리 문화의 자주성을 포기하려 하지 않았고 그 결과 생태적 문자인 한글을 창제했다고 보는 게 좋을 것 같다. 요컨대, 한글 창제의 동기는 문화적 자주성과 민본정치의 추구라고 보는 게 좋을 것 같다.

한글의
철학적
의미

2

한글 창제의 원리

한글은 지혜를 짜내어 꾸며낸 글자가 아니라 천지 만물의 이치, 즉 음양오행 사상을 밑바탕으로 삼아 자연스럽게 만들어진 글자임을 『훈민정음 해례본』은 천명하고 있다.

> 천지자연의 이치는 오직 하나의 음양오행뿐이다. 곤괘와 복괘 사이가 태극이 되고 움직이고 멎고 한 뒤에 음양이 된다. 무릇 천지자연에 살아 있는 것들이 음양을 버리고 어디로 가겠는가? 그러므로 사람의 성음도 모두 음양의 이치가 있을 것인데, 생각해보니 사람들이 살피지 못했을 뿐이다.[5]

『주역』에서 태극→음양→사상→팔괘→64괘로 전개되는 자연적 이치와 같이 한글의 창제도 천지 만물의 이치, 즉 음양오행에 따라 창제되었

---

5 『훈민정음 해례본』, 「제자해」, 天地之道, 一陰陽伍行而已. 坤復之間爲太極, 而動靜之後爲陰陽. 凡有生類在天地之間者, 捨陰陽而何之. 故人之聲音, 皆有陰陽之理, 顧人不察耳.

다. 그러므로 한글이 주역의 상징인 음(--)과 양(-)을 사용하지 않았다 하더라도 한글은 천지 만물의 이치를 담고 있어 자연스러운 문자이다. 이는 복희씨가 자연을 본떠서 팔괘를 그린 것과 같다. "옛날에 복희씨가 천하에 왕 할 때, 우러러 하늘의 상을 보고 구부려 땅의 법을 보며, 새와 짐승의 무늬와 땅의 마땅함을 보며, 가깝게는 몸에서 취하고 멀게는 물건에서 취해서, 이에 비로소 팔괘를 만들었다."[6] 팔괘는 건☰ · 태☱ · 리☲ · 진☳ · 손☴ · 감☵ · 간☶ · 곤☷괘이다. 이 괘들은 각각 하늘, 연못, 불, 우레, 바람, 물, 산, 땅을 상징한다. 따라서 팔괘는 음(--)과 양(-)의 3획으로 자연을 본떠 만든 괘임을 알 수 있다.

그리고 한글은 한 음절이 하늘, 땅, 사람의 삼재三才처럼 초성 · 중성 · 종성의 3분법으로 구성된다. 초성과 종성에는 자음이 들어가고 중성은 초성과 중성을 연결하기 때문에 모음이 들어간다.

1. 초성 자음

훈민정음은 자음 17자와 모음 11자로 구성된 28자이다. 그리고 28자의 정음은 각기 그 모양을 본떠서 만들었다. "정음 28자는 각각 그 모양

---

6   김석진 역주,『주역전의대전』,「계사전」, 1996. 古者包犧氏之王天下也, 仰則觀象於天, 俯則觀法 於地, 觀鳥獸之文與地之宜, 近取諸身, 遠取諸物, 於是始作八卦.

을 본떠서 만들었다."[7]

여기서 '상형'이란 말이 나오니까 한글이 상형문자라고 생각해서는 안 된다. 여기서 상형문자는 대상을 그림으로 나타낸 문자이지만 한글의 '상형'은 추상화와 유사하다. 상형문자는 대상과 사물의 단순한 재현, 묘사에 불과하다. 가령 山과 川과 같은 한자는 산이 우뚝 서 있는 모습과 시냇물이 흐르는 모습을 본떠 만들었다. 그러나 한글의 상형은 대상과 사물의 단순한 재현이 아니라 대상과 사물의 주요한 특징을 콕 집어서 추상화하고 단순화하여 기하학적인 도형으로 본뜬 것이라고 할 수 있기 때문이다.

발음은 복잡한 과정이다. 그래서 발음에 관여하는 인체기관은 많이 있다. 목, 혀, 이, 입술, 배, 코, 기관지 등이 있지만 그중에서도 목구멍, 입술, 이, 혀가 가장 직접 발음에 관여한다. 그리하여 『해례본』에서도 자음의 소리를 목구멍소리, 어금닛소리, 잇소리, 입술소리 등으로 나누었다. 이에 근거해 자음의 기본자는 ㄱ, ㄴ, ㅁ, ㅅ, ㅇ이다.

어금닛소리글자 ㄱ은 혀뿌리가 목구멍을 막는 모양을 본뜨고, 혓소리글자 ㄴ은 혀가 윗잇몸에 닿는 모양을 본떴다. 입술소리글자 ㅁ은 입 모양을 본떴다. 잇소리글자 ㅅ은 이 모양을 본떴다. 목구멍소리글자 ㅇ은 목구멍의 모양을 본떴다. ㅋ은 ㄱ에 비해서 소리가 조금 세게 나는 까닭으로 획을 더

---

7 『훈민정음 해례본』, 「제자해」, 正音二十八字, 各象其形而制之.

하였다. ㄴ에서 ㄷ, ㄷ에서 ㅌ, ㅁ에서 ㅂ, ㅂ에서 ㅍ, ㅅ에서 ㅈ, ㅈ에서 ㅊ, ㅇ에서 ㆆ, ㆆ에서 ㅎ이 됨도 그 소리로 말미암아 획을 더한 뜻은 같으나 오직 ㆁ만은 다르다. … 무릇 사람의 말소리는 오행에 뿌리를 두고 있다. …목구멍은 깊숙하고 젖어 있으니 오행으로는 물이다. …'어금니'는 어긋나고 기니 오행으로는 나무이다. … 혀는 재빠르게 움직이니 오행으로는 불이다. …이는 강하고 끊을 듯 단호하니 오행으로는 쇠이다. …입술은 모난 것이 나란히 합해지니 오행으로는 땅이다.[8]

따라서 자음은 발음기관과 발음작용을 본떠서 만들었지만 음양오행사상에 끼워 맞추어 이해했다. 자음은 「초성해」에서는 아설순치후의 순서로 배열되지만 「용자례」에서는 후아설치순의 순서로 배열된다. 이와 같은 배열들은 오행에 끼워 맞추는 작업의 일환인 것 같다. 아설순치후의 배열은 오행의 상생을 염두에 둔 배열이며, 후아설치순의 배열은 가장 깊은 발음기관으로부터 점점 더 얕은 발음기관으로 나아가는 순서인 것 같다. 그러나 이러한 순서는 숱한 경험적 관찰과 실험 그리고 언어학적 연구를 통하여 나온 것이기 때문에 과학적이다.

생수와 성수는 『주역』 「계사전」에 나오는 수이며 「하도」와 「낙서」에 근거한다.[9]

---

8 『훈민정음 해례본』, 「제자해」

9 『훈민정음 해례본』은 수를 중시했으므로 생수와 성수를 표에 기록해둔다.

오음	오행	음률	방위	계절	생수	성수
목구멍소리(후음) ㅇ, ㅎ	수	우	북	겨울	1	6
어금닛소리(아음) ㄱ, ㄲ, ㅋ	목	각	동	봄	2	7
혓소리(설음) ㄴ, ㄷ, ㄹ	화	치	남	여름	3	8
잇소리(치음) ㅅ, ㅈ, ㅊ	금	상	서	가을	4	9
입술소리(순음) ㅁ, ㅂ, ㅍ	토	궁	중앙	늦여름	5	10

「하도」는 복희씨 때 황하에서 솟아난 용마의 등에 그려진 무늬이고 「낙서」는 하나라 우왕 때 나온 거북등에 새겨진 무늬를 가리키는데 중앙에 다 같이 5가 자리 잡고 있다. 우리가 한 손을 펴면 손가락이 5개이다. 그 다섯이 낳는 수이고 그 수에 1에서 5까지 더하면 이루는 수 6, 7, 8, 9, 10이 나온다.

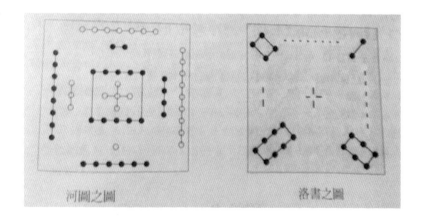

河圖之圖   洛書之圖

이렇게 역학적 수리와 음양오행 사상을 한글의 창제에 적용한 것은 독창적이기보다는 한글 창제의 배경이 성리학적인 철학에 바탕을 두고 있음을 의미한다고 하겠다.

한글의 자음은 발음기관과 발음작용을 본떠 만들었기 때문에 소리와 글자가 거의 상응한다. 대부분의 표음문자에서는 소리가 글자에 상응하지 않는 경우가 많은데 헤겔이 최고의 문자라고 치켜세우는 알파벳도 소리가 글자에 상응하지 않는다.

한글은 소리가 글자와 상응하므로 소리가 곧 문자라고 말할 수 있을 것이다. "천지자연의 소리가 있으면 반드시 천지자연의 문자가 있다."[10] 그렇기 때문에 어떤 소리라도 한글로 표현할 수 있다고 보았다. 그래서 "비록 바람 소리, 학의 울음소리, 닭 소리, 개 짖는 소리라도 모두 적을 수 있다."[11]

데리다는 서양철학이 로고스중심주의[12]라고 비판하였다. 그 비근한 일례로 알파벳을 들었다. 로고스중심주의에서는 글은 말로부터 파생된 것

---

10   앞의 책, 「정인지 서」 有天地自然之聲, 則必有天地自然之文

11   앞의 책, 「정인지 서」 雖風聲鶴唳, 鷄鳴狗吠 皆可得而書矣

12   로고스중심주의는 데리다가 서양철학을 해체할 때 사용했던 용어이다. 로고스란 보통 말, 이성을 뜻한다. 그래서 로고스중심주의란 글보다는 말을, 문자보다는 소리를, 감성보다는 이성을, 여성보다는 남성을 우위에 두는 사상적 경향을 뜻한다. 그러나 이러한 위계질서는 그릇된 위계질서라고 데리다는 비판하였다. 따라서 그는 플라톤 이래의 서양철학은 그릇된 로고스중심주의에 빠져 있기 때문에 서양철학의 로고스중심주의는 해체되어야 한다고 주장했다. 이에 관해서는 나중에 조금 더 이야기하겠다.

이다. 그러므로 소리가 문자보다 우월하다. 그러나 한글은 소리에 기초해 만들어진 문자이지만 한글에서는 소리가 곧 문자이므로 로고스중심주의를 벗어날 수 있다. 데리다도 소리는 그 자체로 문자일 수 있다고 지적하였다.

2. 중성 모음

> 중성자는 모두 11자이다. · 는 … 그 모양이 둥근 것은 하늘을 본뜬 것이다. ㅡ는 … 모양이 평평한 것은 땅을 본뜬 것이다. ㅣ는 … 모양이 서 있는 꼴은 사람을 본뜬 것이다.[13]

초성과 중성을 연결하는 모음은 자음과 달리 천지인 삼재를 본떠서 만들었다.[14] 동아시아에서는 천원지방天圓地方이라고 생각했기 때문에 하늘은 둥글고 땅은 평평하다. 그래서 하늘은 ﹑로, 땅은 ㅡ로 그 모양을 본떠 표기했고 사람은 한자의 人보다 더 간단하게 서 있는 모습을 본떠 ㅣ로 표기했다.

---

13   앞의 책, 「제자해」

14   발음작용과 관련해서는 " · 는 혀가 오그라들고 깊어서 하늘이 자시(밤11시-1시)에서 열리는 것과 같다. 그 모양이 둥근 것은 하늘을 본뜬 것이다. ㅡ는 혀가 오그라드니 그 소리가 깊지도 얕지도 않으므로 땅이 축시(밤1시 – 3시)에서 열리는 것과 같다. 모양이 평평한 것은 땅을 본뜬 것이다. ㅣ는 혀가 오그라지지 않고 소리는 얕으니 사람이 인시(새벽 3시-5시)에서 생기는 것과 같다. 모양이 서 있는 꼴은 사람을 본뜬 것이다."(『훈민정음 해례본』, 「제자해」)

이와 같은 상형象形은 그림문자라기보다는 「바다와 항구」라는 몬드리 안의 추상화를 연상시킨다. 몬드리안은 햇빛에 반사되어 반짝거리는 바 다의 모습을 수직선과 수평선(음양)이 교차하는 十로 표시하였다. 이 작 품에서 "도식적으로 묘사된 부두(위에서 내려다본 것처럼 보이고, 가운 데 하단에서 중앙에 이르는 일련의 수직적 획들로 단순화했다)와 주변 의 바다(더 짧은 수직선들과 교차하는 수평선 위주로 돼 있다)가, 궁극적 으로 작고 검은 직사각형 블록들(어떤 것들은 교차하고 있다)이, 1917년 작 〈선의 구성〉에서처럼 획일적인 흰 바탕 위에 타원형을 이루며 분산된 모습으로 환원되었다. 작품의 이러한 시각적 효과들은 끊임없이 율동적 인 광학적 반짝임의 효과이며, 거의 식별할 수 없는 건축적 수직선 주위 에서 쉴 새 없이 부산한 우주의 바다와도 같은 느낌을 준다. …기하학적 인 구성요소와 그 배열(타원 속의 직사각형)에도 불구하고, 이것은 아직 '(가변적인) 대상들을 표현한' 그림이다."[15]

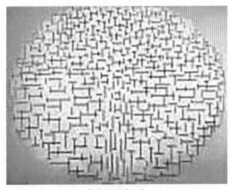

〈바다와 항구〉

15　멜 구딩, 『추상미술』, 정무정 옮김, 열화당, 2003, p.29.

천지인 삼재는 『주역』에도 나오는 사상이다. 『주역』의 3획으로 되어 있는 괘는 삼재 사상을 표현한 것이다. 『주역』 훨씬 이전에 우리나라에서도 삼재 사상이 『천부경』에 분명하게 드러나 있다. 따라서 삼재 사상은 고대 동아시아에 공통으로 있었던 사상이 아닌가 생각된다. 『천부경』에서는 하나가 천·지·인 삼극으로 나뉘고 다시 인간이 천지 가운데에 들어가서 천지와 하나가 된다. 그래서 『천부경』은 1→3→1의 구조를 갖는다. 한글 창제에도 이런 사상이 분명히 영향을 미쳤을 것이다. 모음은 하늘과 땅, 사람이 만나서 이루어지기 때문이다. 제자해에 나온 중성 모음의 분류는 다음과 같다.

중성모음	수	음양	오행	방위	생위/성수
ㅗ	1	양	수	북	물을 낳는 자리
ㅜ	2	음	화	남	불을 낳는 자리
ㅏ	3	양	목	동	나무를 낳는 자리
ㅓ	4	음	금	서	금을 낳는 자리
·	5	양	토	중	흙을 낳는 자리
ㅠ	6	음	수	북	물을 이루는 수
ㅛ	7	양	화	남	불을 이루는 수
ㅕ	8	음	목	동	목을 이루는 수
ㅑ	9	양	금	서	금을 이루는 수
─	10	음	토	중	흙을 이루는 수
ㅣ	11	음/양	무위		무위수

　모음의 분류는 자음의 분류와는 달리 강유가 아니라 음양이 그 기준이

된다. "중성은 하나가 깊고 하나가 얕고 하나가 오므리고 하나가 벌리니, 이런즉 음양이 나뉘고 오행의 기운이 갖추어지니 하늘의 작용이다."[16] 『주역』의 경문에 음양이 나오지 않고 강유로 서술되지만 강유는 음양으로 해석될 수 있다. 이와 마찬가지로 자음이 강유로 나뉘었으나 음양으로 해석해도 무방할 것이다. 따라서 초성도 중성과 같이 음양의 원리가 적용될 수 있다.

이와 같이 한글에서 자음은 발음기관과 발음작용을 관찰하고 실험해서 그 꼴을 추상화해 본뜨고 모음은 하늘, 땅, 사람을 기하학적으로 단순화해서 본떠 만들었으므로 「제자해」에서 정음 28자는 그 꼴을 본떠 만들었다(正音二十八字 各象其形而制之)고 지적하였다. 단지 상형원리로 만들었으되 옛 전체를 모방하였다(象形而字倣古篆)고 하지만 이는 글씨체를 모방하는 걸로 이해해야 할 것이다.

---

16 『훈민정음 해례본』, 中聲者, 一深一淺一闔一闢, 是則陰陽分而伍行之氣具焉, 天之用也.

3

음양오행 사상

한글은 음양오행 사상을 밑바탕으로 삼아 만들어졌음을 『훈민정음 해례본』에서 분명히 천명하고 있다. 그래서 이 글이 음양오행 사상을 논하는 글은 아니지만 부득이하게 음양오행 사상을 개괄적으로나마 살펴보지 않을 수 없다.

음양오행 사상은 동아시아 사람들, 특히 한국인의 생활과 의식 밑바닥에 깔려있다. 그런 점에서도 우리는 이 사상을 살펴보는 것이 한글의 철학적 의미를 탐색하는 데 도움이 될 것이다. 또한 한국인의 삶과 의식을 이해하는 데에도 이 사상을 개략적으로나마 이해하는 것이 필요할 것이다.

음양오행 사상은 우리의 무속과 결합하여 사주, 풍수, 명리, 한의학, 세시풍속 등에 깊이 파고 들어가 있는 사상이다. 그리하여 이 사상은 은연중에 한국인의 의식을 지배하고 있다고 말할 수 있을 것이다.

음양오행 사상은 음양 사상과 오행 사상으로 나누어 살펴보는 것이 이해하기에 좋을 듯하다. 먼저 오행 사상이 있었고 음양 사상이 성립함으로써 오행 사상을 압도하게 되었다.

1. 오행 사상

동아시아에서 오행은 보통 수 · 화 · 목 · 금 · 토의 다섯 가지 기본요소를 가리킨다. 이 요소들은 실체라기보다는 기능이나 성질, 작용으로 이해하는 것이 좋을 듯하다. 만물은 이 다섯 가지 요소로 이루어져 있고 설명될 수 있다는 것이 오행 사상이다. 오행 사상은 『서경』의 「홍범」에 처음으로 등장한다. 「홍범」은 주나라 무왕이 은나라를 멸망시킨 뒤에 은나라의 은자인 기자로부터 받은 정치적 가르침을 기록한 문건이자 우임금 때 하늘에서 내린 문건이다. 「홍범」에 나오는 오행을 오미, 오사, 오색과 함께 도식화하면 다음과 같다.

오행	오사	오미	오기	오색
수	외모	짠맛	년	흑
화	말	쓴맛	월	적
목	보는 것	신맛	일	청
금	듣는 것	매운맛	성신	백
토	생각하는 것	단맛	역법	황

오행 등은 천지 만물의 질서를 가리킨다. 왕은 이 질서에 맞추어 통치를 해야 한다는 가르침이 「홍범」의 가르침이다.

오행 사상은 춘추전국시대를 거쳐 한나라에 이르러서는 완전히 체계화되고 도식화되었다. 특히 한나라 시대에는 천인감응설과 결합하여 거의 미신화되어 버렸다.

이미 「홍범」에서도 서징庶徵을 통해 천인감응설을 시사하긴 한다. 천인감응설이란 인간의 통치행위가 자연에 영향을 주어 자연이 징조를 보여준다는 사상이다. "서징은 여러 징조를 뜻하는 것으로 예컨대, 비가 오고 햇볕이 나고, 날씨가 덥고, 날씨가 춥고, 바람이 불고 시절이 돌아가는 것 등과 일치합니다. 이들 5가지 운행이 갖춰지고 각기 그 절후를 순서대로 좇으면 모든 풀이 우거져 무성해집니다. 이들 가운데 한 가지만 지나치게 많아도 흉해지고, 한 가지만 지나치게 적어도 흉해집니다. 아름다운 징조는 예컨대 군주가 엄숙하면 때에 맞춰 비가 오고, 잘 다스리면 때에 맞춰 날이 개고, 명철하면 때에 맞춰 따뜻해지고, 계획을 잘 세우면 때에 맞춰 추위가 오고, 훤히 꿰면 때에 맞춰 바람이 부는 경우를 말합니다. 좋지 않은 징조는 예컨대 군주가 오만하면 오래도록 비가 그치지 않은 채 장마가 들고, 무질서하면 오래도록 가뭄이 들고, 편안한 것을 추구하면 덥기만 하고, 조급하게 처리하면 춥기만 하고, 도리를 분별하지 못하면 바람이 부는 경우를 말합니다."[17] 이런 생각은 후세에 더욱 강화되어 재이災異설로 발전하였다.

고대에는 동양이나 서양을 막론하고 철학자들은 자연을 통일적으로

---

17 신동준 역주, 『서경』, 인간사랑, 2016.

해석하고 설명하기 위해서 만물의 원질을 찾으려고 노력하였다. 그러나 고대에는 과학기술의 발전이 아주 미미했기 때문에 그들은 상상력과 통찰력에 의지해서 그런 일을 도모하지 않을 수 없었다.

고대 그리스에서 기원전 6-7세기경에 자연철학이 탄생하였다. 그리스의 자연철학자들은 만물의 원질을 찾으려고 애썼다. 탈레스는 그것을 물에서, 헤라클레이토스는 불에서, 피타고라스는 수에서 찾았다. 그렇지만 단일한 원리나 실체를 벗어나 다원적인 요소들에서 만물의 원질을 찾으려고 했던 철학자들도 있었다. 데모크리토스는 원자들에서, 엠페도클레스는 불·물·흙·공기에서 만물의 원질을 찾았다. 엠페도클레스는 이 요소들 이외에도 사랑과 불화라는 두 가지 힘을 상정했다. 불·물·흙·공기는 만물을 이루는 기본요소이긴 하지만 스스로 움직이는 동력이 없어서 사랑과 불화라는 두 가지 힘에 의해 이 요소들이 뭉치기도 하고 흩어지기도 한다고 그는 생각했다.

음양과 오행의 관계도 이와 유사한 것 같다. 오행 사상이 먼저 나왔고 오행을 움직이는 음양 사상이 나와 음양오행 사상이 확립된 것이 아닌가 생각된다. 오행이 상생의 순환하는 관계에서 보면 목화토금수이다. 목이 화를 낳고 화는 토를 낳으며 토는 금을 낳고 금은 수를 낳는다. 그러나 음양이 오행을 낳는 순서로 보면 수화목금토이다. "오행이 생겨나는 것과 오행이 서로 낳는 순서가 같지 않은 것은 무엇 때문인가? 오행이 생겨남이 대개 두 가지 기氣가 서로 변하고 합하여 각각 이루어진다.

하늘의 1은 수를 낳고, 땅의 2는 화를 낳고, 하늘의 3은 목을 낳고, 땅의 4는 금을 낳고, 하늘의 5는 토를 낳는다. 이것이 양이 변하고 음이 합하여 수화목금토를 낳는다는 것이다. 오행이 서로 낳는 것은 대개 하나의 기운이 변화할 때 서로 원인이 되며 순환이 되기 때문이다. 목이 화를 낳고 화가 토를 낳고 토가 금을 낳고 금이 수를 낳고 수가 다시 목을 낳으니, 이른바 두 가지 순서를 가지고 있는 것은 왜 그런가? 두 가지 기운이 변하고 합하여 생겨나는 것은 대립적이면서 상호 의존하는 모양에 근본을 두고 있으며, 하나의 기운이 순환하여 생겨나는 것은 유행하는 작용에 근본을 두고 있기 때문이다."[18] 이렇게 주희는 오행을 음양에 의거하여 형이상학적으로 해석했다. 주희가 성리학을 완성함으로써 음양 사상이 확립되고 음양오행 사상이 형이상학적으로 정당화되었다고 할 수 있을 것이다.[19]

---

18   주희, 『근사록 집해』, 아카넷, 2004, p.71.

19   음양은 오행이 변화하는 원동력이기에 보통 음양 사상이 오행 사상에 앞서는 것처럼 생각하기 쉬우나 철학사적으로는 오행 사상이 먼저 성립하고 난 뒤에 음양 사상이 성립하여 음양오행 사상이 확립되었다고 보는 게 온당하다. 왜냐하면 "오행설은 우주의 구조만 설명하였고, 그 기원에 관한 언급이 없는데, 음양설에 의하여 보충되었"(풍우란, 『중국철학사』, 정인재 역, 형설출판사, 1983, p.193)기 때문이다.

2. 음양 사상

그럼 음양이란 무엇인가? 음양이라는 철학적 범주는 중국의 전국시대에 이르러서야 확립되었다. 『주역』에서도 음양이란 범주는 경문에 나오지 않고 「계사전」에서 언급되고 있을 뿐이다. 따라서 음양 사상은 중국인들의 추상적 사고가 상당히 진척되고 난 다음에야 성립되었다고 할 수 있을 것이다.

음양은 처음에는 경험적인 개념이었으며 아직 추상적인 개념은 아니었다. 음양陰陽은 다 같이 부阜라는 부수가 붙어 있다. 언덕에 햇빛이 비치면 양달도 생기고 응달도 생긴다. 양달은 햇볕이 잘 내리쬐는 곳이고 응달은 그늘진 곳이었다. 그리하여 양달은 따뜻한 곳이고 응달은 추운 곳이다. 빛이 있으면 어둠이 있듯이 모든 사물에도 밝은 면과 어두운 면이 있다고 고대 중국인들은 생각하였을 것이다. 이런 경험적 생각이 점차로 확대되어 음양의 개념으로 추상화되었다.

고대 중국인들은 추위를 피하기 위해서 양달을 찾고 응달을 피하려고 했을 것이다. 그래서 음양의 위계가 만들어진다. 그리고 양달과 응달로부터 충분히 추상화되고 난 뒤에야 음양은 천지 만물을 가르고 그것에 편재하는 보편적 기운으로 인식되었을 것이다. 그런 점에서 음양이라는 철학적 범주는 우선 볕이나 빛으로부터 유래된 용어라고 간주될 수 있다. 그리하여 음양은 오행과 결합하여 천지 만물의 이치, 즉 만물을 변하게 하는 원동력으로서 파악되게 되었다.

3. 음양오행 사상의 의의

서양 그리스의 자연철학은 플라톤과 아리스토텔레스를 거치면서 극복되고 중세의 기독교 신학에 눌려 더 이상 득세하지 못하였다. 이에 반해 중국에서는 음양오행설은 한나라를 거치면서 체계화되었을 뿐만 아니라 점점 더 정교화되고 고착되었다. 송나라의 성리학에서는 도교 철학의 영향을 받아 형이상학적으로 정당화되기까지 하였다. 이것이 중국과 서양의 차이일 것이다. 동양의 음양오행설은 과학적으로 발전하기에는 너무나 형이상학적이었고 철학적이었다. 그러나 서양의 그리스 자연철학은 종교개혁과 르네상스를 거치면서 근대 과학으로 이어졌다.

동아시아에서 서양처럼 과학이 발전하지 못한 까닭이 반드시 여기에만 있다고 단정할 수 없지만 음양오행설이 견강부회의 미신이 되어 동아시아의 과학 발전을 가로막은 것은 분명한 사실인 것 같다. 서양의 중세에서도 자연은 마법적인 힘을 지니고 있었기 때문에 자연을 과학적으로 탐구하는 일은 금기시되었다. 그러나 자본주의의 경제적 필요로 인해 중세의 신화와 마법과 신성의 장벽은 점차로 무너져갔다. 이에 반해 동아시아에서는 춘추전국시대에 성립한 음양오행설이 한나라에 이르러서는 거의 이 세상을 해석하는 미신으로 자리 잡게 되었다. 특히 한나라의 동중서는 '천인감응'에 의거하여 음양오행설을 체계화함과 동시에 신비화하였다. 그리하여 이 사상에는 "포괄적이고 객관적이며 조악하고 황당무계하고 또 신비적인 고대 원시 관념의 흔적이 충만하다. 특히 동중서처럼 선악 · 윤리 · 행정 · 복식 등 모든 것을 이러한 우주 도식 속에 집어넣는 경우에는 그 정도가 더 심하다. 당시 정치적으로 일정한 기능을 담당하였지만 그것들은 완전히 비과학적, 혹은 반과학적이다. 그것들은 의식 형태의 허구적 측면에 속하는 것이며, 비교적 일찍 역사에 의해 도태되었다."[20] 이덕후는 음양오행설이 비과학적인 미신임을 확신했으면서도 음양은 실용 이성적으로 파악된 철학적 범주로 간주하였다. "철학적 범주로서 '음양'을 '오행'과 마찬가지로 순수하게 추상적인 부호도 아니며, 순수하게 구체적인 실체 혹은 요소도 아니었다. 그것들은 특정한 성질을 가지고 상호 대립 · 상호 보완하는 객관적 기능과 힘이었다. 상이한 구체적 조직 방식에 따라서 개괄된 현실 경험의 성격을 가지는 '음양' 간의 대립 · 의존 · 삼투 · 보완 · 전화도 각각 상이한 구체적 조직 방식을 가지게 되며, 그중 '음양'에는 주요한 것과 부차적인 것 혹은 주도하는 것('양')과 기초가 되는 것('음') 등의 구체적 구별이 있었다. 따라서 그것들은 사변 이성도 경험 감성도 아니며 일종의 실용 이성이다. 이것이 바로 철학적 범주에 대한 '음양'의 특징이며 동시에 중국철학과 중국의 전

20　양계초, 풍우란 외, 『음양오행설의 연구』, 김홍경 편역, 신지서원, 1993, p.354.

통적 사유방식의 특징이기도 하다."²¹ 이덕후의 견해는 경험적으로 형성된 실용적인 생활의 지혜, 예컨대 경락이나 침술과 같은 한의학적 지혜는 살리자는 것이다. 하지만 음양오행 사상이 처음에는 실용적으로 발전되었다고 하더라도 나중에는 교조화되어 미신화되었음을 우리는 잘 알고 있다.

이렇게 음양오행 사상의 옹골찬 아성이 구축된 동아시아에서는 서양처럼 과학기술이 발전하거나 서양의 과학기술을 받아들일 수 없었다. 그러나 음양오행 사상에 합리적 사상이나 지혜가 없다고 할 수는 없겠다. 그럼에도 불구하고 그것이 과학기술의 발전에 엄청난 장애가 되어 동양이 서양에 비해 뒤처지게 되었다고 할 수 있을 것이다. 오늘날 UFC 같은 경우에 딱 들어맞는 이야기인 것 같다. 중국무술이란 음양오행 사상에 밑바탕을 두고 만들어진 무술이다. 그래서 중국무술은 기공체조로서는 세계적인 무술이지만 실전 무술로서는 그렇지 못하다. 중국에도 실전무술이 있지만 UFC에서 힘을 제대로 쓰지 못하는 이유가 무엇일까? 여러 이유가 있을 수 있겠지만 중국무술이 지나치게 철학적이고 형이상학적이기 때문이 아닐까.

그렇다면 한글의 밑바탕인 음양오행 사상은 아무런 쓸모가 없는 것일까? 아니다. 음양오행 사상은 비과학적인 미신일 수 있지만 서양철학이나 과학에 비할 수 없이 생태철학적일 뿐만 아니라 생활에 유용한 지혜

---

21   앞의 책, p.351.

가 담겨 있다. 목욕물이 더럽다고 목욕물에 담긴 아이까지 버릴 것인가. 그건 어리석은 짓이다.

자연에 순응하는 삶을 지향하고 음양의 조화와 균형을 추구하는 사상 요소는 오늘날에도 여전히 유효하다. 특히 생태계의 지구적 위기가 심화 되고 있는 오늘날에는 더욱 더 요청되는 사상요소가 아닌가 생각된다. 그런 맥락에서 음양오행 사상을 바탕으로 만들어진 한글은 21세기에 더 욱 빛날 수 있는 문자가 될 수 있을 것이다.

고대의 의서인 『황제내경』에서도 음양이 자연의 이치임을 강조하였 다. "음양은 천지의 도이니 만물의 기강이며 변화의 부모이며 생살의 본 시이며 신명의 창고이니라."[22] 더 나아가서 『황제내경』은 자연의 이치를 어기면 재앙이 닥치리라고 경고하였다. "음양 사시는 만물의 시작과 끝 이며 생사의 근본이라 이를 거스르면 재앙이 일어나고 이를 따르면 질병 이 일어나지 않는다"[23]라고 하였다. 이는 코로나가 창궐하는 오늘날에 명 심해야 할 사항이 아닌가 생각된다.

음양의 이치가 오늘날 세상과는 맞지 않다고 여기는 사람들이 많다. 동성연애가 바로 그런 경우이다. 동성연애도 잘 살펴보면 음양의 이치와

---

22   홍원식 역, 『황제내경』, 「음양응상대론」, 陰陽者, 天地之道, 萬物之綱紀, 變化之父母, 生殺之本 始, 神明之府也.

23   앞의 책, 「사기조신대론」, 陰陽四時者, 萬物之終始, 死生之本也, 逆之則災害生, 從之則苟疾不起.

어긋나지 않는다. 동성연애는 이성애와 더불어 성적 취향의 일종이다. 레즈비언의 경우 성적으로 남성 역할을 하는 여성과 여성 역할을 하는 여성이 나뉘고 게이의 경우에도 성적으로 남성 역할을 하는 남성과 여성 역할을 하는 남성이 나뉜다. 그러므로 동성연애라고 하더라도 음양의 이치를 벗어나는 건 아니라고 할 수 있다. 따라서 얼핏 보기에는 동성연애가 음양의 이치를 벗어난 듯이 보인다. 그러나 그 내막을 들여다보면 음양의 이치는 여전히 작동하고 있는 셈이다.

한글의
철학적
의미

4

태극 사상

1. 주돈이의 『태극도설』

주돈이의 『태극도』는 주돈이가 창안한 것은 아니다. 송나라 시대 도교의 도사들이 『주역』에 근거하여 태극도를 만들기 시작했는데 송나라 시대의 도사 진희이가 주돈이의 『태극도』와 같은 『태극도』를 만들어내었다. 주돈이는 도교 사상의 영향 아래 『태극도』를 그리고 『태극도』를 설명하는 『태극도설』을 지었던 셈이다. 본래 유교 철학에서는 『태극도』와 같은 우주론, 존재론이 없었다. 주돈이는 도교에서 전개되어 나온 『태극도』를 빌어 유교 철학의 우주론, 존재론을 처음으로 만들어내었다. 『태극도설』은 짧은 글이지만 성리학의 우주론, 존재론을 요령 있게 서술하고 있다. 즉, 그것은 태극→음양→오행·사시→만물로 이어지는 우주론을 분명하게 드러내고 있다. 그럼으로써 태극이 음양오행과 결합하게 되었다. 주돈이 이후 소강절과 주희의 노력으로 송나라 시대에 성리학이 완성되어 이理와 기氣, 태극, 음양, 오행 사상이 형이상학적으로 체계화되었다.

주돈이의『태극도설』은 음양의 이기二氣와 오행이 태극이라는 궁극적인 원리로부터 도출되는 과정을 그림을 통하여 분명하게 드러내었다. 그런 점에서 그의 태극 사상은 성리학 우주론의 시발점을 이룬다고 할 수 있다. 그의『태극도설』은 길지 않으니 다음과 같이 인용하겠다.

> 태극이 움직여 양을 낳고 움직임이 극한에 이르면 고요해지는데 고요함에서 음을 낳는다. 고요함이 극한에 이르면 다시 움직인다. 한번 움직임과 한번 고요함이 서로 뿌리가 되어 음과 양으로 나누어지니 두 가지 양식이 세워진다. 음양이 서로 변하고 합해져서 수화목금토를 낳으니 다섯 가지 기운이 순조롭게 펼쳐져서 사계절이 운행한다. 오행은 하나의 음양이며 음양은 하나의 태극이니 태극은 본래 무극이다. 무극의 진리와 음양오행의 정기가 오묘하게 합하여 응집해 건도는 남성을 이루고 곤도는 여성을 이룬다. 건곤의 기운이 교감하여 변화를 통해서 만물을 생성하니 만물이 끊임없이 생겨나 변화가 다함이 없다.[24]

주돈이는『태극도설』을 통하여 명쾌하게 태극→음양→오행→천지 만물의 변화로 이어지는 과정을 요약했다. 그러면서도 그는 천지 만물의 변화가 태극과 음양이라는 원리에 의해 이루어진다는 점을 또한 강조했

---

24 주희,『근사록집해』, 太極動而生陽 動極而靜 靜而生陰 靜極復動 一動一靜 互爲其根 分陰分陽 兩儀立焉 陽變陰合而 生水火木金土 伍氣順布 四時行焉 伍行一陰陽也, 陰陽一太極也 太極本無極 無極之眞 二伍之精 妙合而凝 乾道成男 坤道成女 二氣交感 化生萬物 變化無窮焉

다. 이것을 단순화한다면 다음과 같은 태극도가 될 것이다.

이 태극도는 서로 대립하는 두 요소인 음과 양의 기운이 서로 힘을 겨룸으로써 태극을 이루는 모습을 나타내고 있다. 그러면서도 음은 양을 품고 있고 양은 음을 품고 있다. 이런 점에서 음과 양은 서로 대립하면서도 서로 상대방의 뿌리를 이루고 있다. 그리고 음과 양은 태극의 두 측면이면서도 각기 태극이다. 그리하여 이 그림은 물리학자들의 비상한 관심을 받았다.

2. 동서사상의 만남에 비추어본 태극도의 의의

태극 사상, 즉 음양 사상은 20세기 물리학자들의 비상한 관심을 받았는데 그들 가운데 보어 같은 물리학자는 태극 사상에서 상보성의 원리를 찾아내어 양자물리학과 접목시키기도 했다. 보어 이후 양자물리학에서는 음양의 상보적 관계를 양자물리학의 초대칭[25] 개념으로 환원할 수 있

---

25 초대칭은 어그러진 대칭이다. 수학에서 대칭은 병진대칭, 거울대칭, 회전대칭 등이 있다. 대칭에서는 대칭 변환하더라도 본래의 모습은 그대로 유지된다. 그러나 초대칭은 그런 점에서 완벽한 대칭이 아니다. 태극도와 같이 음양이 바뀌는 것이다.

다고 보았다. 양자 차원에서 물질을 구성하는 미립자인 페르미온과 힘을 구성하는 미립자인 보손이 있는데, 보손이 페르미온으로, 페르미온이 보손으로 바뀌는 이상한 물리현상을 관찰하였지만 물리학자들은 이를 설명할 수 있는 이론을 물리학 이론에서나 서양철학에서 찾지 못했다. 그들은 페르미온과 보손이라는 서로 정반대되는 입자들이 어떻게 전화되는지에 대한 이론을 물리학자들은 초대칭변환이라는 개념을 통하여 이해하려고 하였다. 음이 양으로 전화하고 양이 음으로 전화하는 태극도의 상보적 관계는 이 초대칭변환에 꼭 맞아 떨어질 수 있었다. "초대칭은 이런 입자의 존재를 예견했다. 전자가 양자 차원에 진입하면 질량과 전하를 그대로 유지한 채, 신분만 페르미온에서 보손으로 바뀐다."[26] 그러니까 음과 양이『태극도』에서 서로 전화되듯이 페르미온과 보손도 음양의 원리처럼 서로 전화되는 셈이다. 그렇다면『태극도』의 음양 사상은 존재의 가장 깊숙한 비밀을 보여준다고 할 수 있을 것이다.

　　헤겔『논리학』의 서두에 나오는 생성의 변증법도 이와 같은 음양의 이치를 개념의 운동을 통해서 잘 드러내고 있다. 이 변증법은 '유'라는 개념으로부터 시작한다. 그리고 무는 유의 결여, 즉 비유非有로 간주된다. 유는 무규정적이고 아무런 내용이 없다는 점에서 무이다. 유와 무는 각기 그 자체로 그 자신의 대립자인 무와 유로 전화된다. 그러면서도 유는 무와의 관계에서, 무는 유와의 관계에서 존립한다. 생성의 개념은 유도

26　츠랭크 윌첵,『뷰터플 퀘스천』, 박병철 옮김, 흐름출판, 2018, p.395.

아니고 무도 아니면서 유이면서 동시에 무이기 때문이다.

헤겔 『논리학』의 「본질론」에서는 긍정적인 것과 부정적인 것이라는 반성규정이 있다. 이것들은 각기 「유론」의 유와 무, 즉 비유非有에 해당한다. 헤겔에 따르면 존재하는 모든 것은 그 자체로 대립적이며 긍정적인 것이거나 부정적인 것으로 규정된다. 유와 무, 긍정적인 것과 부정적인 것은 서로 전화한다. 그리고 그것들은 서로 포함하고 상대방과의 관계에서만 존립할 수 있다.

헤겔의 형이상학은 개념의 운동이 「유론」 → 「본질론」 → 「개념론」으로 단계적으로 다루어지기 때문에, 음양 사상과 같이 상보적 원리로 인간과 자연을 두루 다루는 『주역』의 우주론과는 달리 많은 상보적 대립자들을 상정하지 않을 수 없었을 것이다. 그럼에도 불구하고 헤겔의 『형이상학』에서도 음양의 상보적 관계와 같은 것을 개념의 운동에서 찾을 수 있다. 단지 『주역』이 헤겔의 『논리학』보다 더 간명하게 이를 드러낸다는 것은 인정하지 않을 수 없다.

한글의
철학적
의미

5

한글과 생태철학

한글은 천지 만물의 이치가 담겨 있는 문자이므로 머리를 굴리고 지혜를 짜내어 인위적으로 지어낸 문자가 아니다. 자연의 이치에 따라 초성·종성의 자음은 발음기관과 발음작용을 본뜨고 중성의 모음은 하늘·땅·사람의 삼재三才를 본떠 만들었다.

　한국은 자연을 숭상하고 자연스러움을 추구하는 전통이 예로부터 강하였다. 그래서 한국인들은 자연에 순응하는 삶을 지향하였고 음양의 조화를 추구하였다. 그리고 집이나 음식 등도 자연의 멋과 맛을 중시하였다. 서양문화의 영향을 받아 요즘 한국인들은 육식을 즐기지만 예전에 한국인은 육식보다는 채식을 주로 하였다. 그러므로 음식문화도 생태적이었다. 우리가 일상적으로 사용하는 말도 마찬가지고 한글도 그렇다.

　또한 한글은 세종이 지혜를 짜내어 힘들여 만든 문자도 아니고 다른 문자를 모방한 것도 아니고 더군다나 조상의 문자를 이어받은 것도 아니다. 오로지 자연에 따른 것이며 세종이 하늘의 계시를 받아 만든 문자이다.[27] 이런 맥락에서 한글은 "사람다운 삶에 꼭 필요한 인간의 문자, 천지 자연의 소리를 그대로 포용하는 생태(자연)문자"[28]이다.

오늘날 지구촌은 온실가스의 범람으로 지구온난화로 인한 엄청난 재난을 겪고 있다. 이러한 지구적 위기는, 근본적으로 보면, 자연을 지배하고 이용하여 욕망과 쾌락의 동산을 쌓아 올리려는 서양문화의 서양중심주의, 인간중심주의에 기인한다고 할 수 있다. 만일 생태철학을 구현하고 있는 한글이 세계 공용어가 된다면 서양문화의 이러한 서양중심주의, 인간중심주의를 실질적으로 해체하는 중요한 계기가 될 수 있을 것이다.

서양문화의 서양중심주의,[29] 인간중심주의는 하이데거, 데리다, 들뢰즈 등이 이미 비판했다. 하이데거는 서양철학사를 존재 망각의 역사로 규정하여 자연을 지배하고 이용하려는 서양문화의 경향은 서양의 형이상학, 즉 서양문화와 철학으로부터 나온다고 보아 서양 형이상학의 파괴를 겨냥했다. 그리고 데리다는 서양문화의 서양중심주의, 로고스중심주의를 근거 없는 폭력으로 보아 해체하려고 하였다.

들뢰즈는 수목형의 서양문화와 서양철학을 겨냥하여 동양의 리좀적

---

27 정음 창제는 앞선 사람이 이룩한 것이 아니요, 자연의 이치에 의한 것이다. (『훈민정음 해례본』, 「정인지서」, 正音之作 無所祖述 而成於自然) "이는 바로 하늘이 성인(세종)의 마음을 열어 솜씨를 빌린 것이로구나. (是始天啓聖心而假手焉者乎)" 『훈민정음 해례본』, 「제자해」

28 김슬옹, 『세종대왕과 훈민정음학』, 지식산업사, 2011, p.136.

29 서양중심주의는 영어로 eurocentrism이다. 그러니까 서양이 세계의 중심이며 서양의 문화와 철학이 모든 나라가 따라야 할 모범이라는 의미다.

인 관계로 전환해야 한다고 주장했다. 그리하여 그는 이질적인 것을 포용하는 관계적 존재론을 세우려고 하였다. 그러나 이들의 비판은 서양문화와 울타리를 벗어난 것은 아니었다.

데리다의 서양중심주의eurocentrism와 로고스중심주의logocentrism에 관해서는 조금 더 이야기해야 할 것 같다. 늙고 병든 서양문화와 서양철학에 대한 철학적 비판은 하이데거로부터 시작된다. 그는 서양문화와 서양철학이 서양 형이상학의 존재 망각으로 인해 활력을 잃고 지구적 생태계를 망가뜨리는 잘못된 길로 들어섰다고 진단하여 서양 형이상학의 파괴를 겨냥했다. 데리다는 하이데거의 이런 기획을 더욱 더 밀고 나가 서양문화와 서양철학이 현전presence을 탐하고 폭력적으로 서양/동양, 말/글, 동일성/차이 등의 근거 없는 위계질서를 만들어냈다고 비판함으로써 서양문화와 서양철학의 서양중심주의와 로고스중심주의를 해체할 것을 주문하였다. 서양중심주의는 서양이 세계의 중심이며 서양문화와 서양철학이 지구적 문화의 모범이라는 주장이다. 이러한 서양중심주의는 19세기 이래로 서양 제국주의가 아시아, 아프리카, 아메리카 등의 식민지 침탈을 정당화하는 사상적 근거가 되었다.

그런데 로고스중심주의는 서양중심주의와 밀접한 관련이 있다. 로고스중심주의는 플라톤 이래의 서양철학이 로고스에 의해서만 진리는 접근 가능하고 파악될 수 있다는 주장이다. 그러므로 "모든 것 이전에, 존재 의미의 해체될 수 없는 기원, 사유의 합리성, 진리의 절대적 내면성인 로고스가 있다. 역사와 지식과 같은 그런 것들은 '현전의 재전유를 목적으로 로고스로 되돌아가기 위한 우회로'로서만 존재한다. 이런 식으로 로고스중심주의는 형이상학 일반에 감염되어 있고 플라톤 이래로 '철학이 의미하도록 허용되어 왔던 것'을 확실히 지배한다."[30] 따라서 로고스중심주의에서는 말과 목소리만이 진리의 현전을 합리적으로 포착하는 원초적 수단이므로 글이나 문자는 그 부차적 수단으로 전락한다. 그리하여 플라톤 이래의 서양문화와 서양철학은 말/글, 목소리/문자, 동일성/차이 등이라는 근거 없는 위계질서를 만들어내기에 이르렀다고 데리다는 강조하였다.

이러한 로고스중심주의가 잘 드러난 문자는 상형문자가 아니라 표음문자이다. 헤겔은 표음문자 중에서 알파벳이 음성적 낱말의 형식적 구조와 그 추상적 요소들이 발달하였기 때문에 지성적이고 정신을 가장 잘 드러내며 그래서 알파벳이 상형문자보다 우월하고 가장 뛰어난 문자라고 주장했다.[31]

확실히 알파벳은 표음문자로서 소리에 기초해서 만들어진 문자이다. 그럼 한글은 어떠한가? 한글도 표음문자라서 소리에 기초해서 만들어진 문자이다. 그러나 한글은 자연을 본떠서 만든 문자여서 꼴과 소리가 분

---

30 Nial Lucy, *A Derrida Dictionary*, *Blackwell*, 2005, p.71. logos는 말, 이성을 뜻한다.

31 조홍길, 『헤겔의 사변과 데리다의 차이』, 한국학술정보, 2011, p.69.

리되지 않는다. 그래서 소리의 원초성이나 특권은 인정될 수 없다. "만물이 하늘과 땅 사이에서 꼴과 소리가 있으되, 근본은 둘이 아니니 이치와 수로 통하네."[32]

그리고 하이데거, 데리다, 들뢰즈의 비판은 어디까지나 표음문자인 알파벳 사용권에서 이루어진 비판에 불과하기 때문에 그 한계가 없을 수 없다. 그들의 비판은 여전히 서양철학의 울타리 안에서 이루어졌고, 서양문화 안에서 이루어진 서양문화 비판은 이질적이지 못하기 때문이다. 한글과 같이 알파벳과는 다른 이질적 문자가 세계적으로 대세를 이룬다면 서양문화가 생태적 문화로 실질적으로 전환하는 데 큰 역할을 할 수 있을 것이다. 더군다나 한글은 알파벳과는 다른 생태적 문자가 아닌가. 생태적 문화가 꼭 필요한 21세기에 알맞은 문자가 한글이 아닐까.

---

32 『훈민정음 해례본』, 「갈무리시」, 物於兩間有形聲 元本無二理數通.

한글의
철학적
의미

6

한글의 기원

한글의 기원은 1940년대 『훈민정음 해례본』이 발견될 때까지 설왕설래하였고 구구한 설들이 쏟아져 나왔다. 대표적으로 몽골의 파스파문자, 고조선의 가림토 문자, 산스크리트 문자 등을 한글이 모방하였다는 설이 등장했다. 심지어는 문의 창호를 보고 한글이 창제되었다거나 태극 사상에 따라 한글이 창제되었다는 설도 등장했다. 그러나 1940년대 『훈민정음 해례본』이 발견되고 나서는 일거에 이런 여러 설들이 정당성을 잃어버렸다. 그럼에도 불구하고 『훈민정음 해례본』의 발견 이후에도 이러한 설들이 깡그리 위력을 잃은 건 아니어서 심지어 히브리어를 모방했다는 설까지 나오게 되었다. 그리하여 한글학자 최현배는 이런 사정을 보고 다음과 같이 개탄하였다.

　　이제 한국의 한글의 밑뿌리를 찾음에 당하여, 이를 다른 앞선 글자에 구할 새, 고대의 바알리 글자, 범자, 서장 글자, 몽고 파스파 글자의 하나나 둘이 한글의 밑뿌리라 하고; 혹은 그 밑뿌리를 중국계 글자에 구할 새, 고전, 거

란글자, 여진글자가 한글의 밑뿌리라 하고; 혹은 그 밑샘을 조선 자체에 구할 새, 고대 글자가 한국의 밑이라 하고; 혹은 그 밑샘을 발명의 독창적 방법에 구할 새, 발음기관의 본뜸, 창문의 본뜸이 그 근본이라 하여, 한국의 가까운 이웃에 있는 고금 모든 글자가 모조리 등장하게 되고도 오히려 부족하여, 심지어 서양 글자, 중아시아 글자까지 출현하게 되고, 역사적으로 실재한 글자와 방금 짙어 있는 글자만으로는 오히려 부족하여, 거짓 꾸민 글자, 실체 불분명의 글자까지가 그 밑뿌리로 상정되게 되었으니, 인류 문화사상 위대한 경이적 산물 한국의 글자 한글의 밑뿌리는 실로 아모도 알 수 없다고 할 수 있는 동시에, 아모라도 일러 맞훌 수 있다고 할 만큼, 찾기 어렵고도 쉽도다. 아아, 한국의 밑뿌리는 어데 있는가? [33]

그리하여 그는 오랫동안 한글을 연구한 학자로서 한글의 기원에 대한 여러 설들을 비판하고 발음기관 본뜸 기원설을 내놓았다. 이 글에서는 최현배의 설을 대체로 받아들이기로 하였다. 왜냐하면 『훈민정음 해례본』의 저자들이 내세우는 주장과 가장 부합하기 때문이다. 그리고 『훈민정음 해례본』에서는 한글은 선조로부터 물려받은 문자도 아니고 발음기관을 본떠서 한글이 창제되었다고 공언했기 때문이다.

산스크리트어, 가림토 문자, 파스파문자 등이 한글과 같이 표음문자이며 부분적으로 유사한 측면이 있기 때문에 한글이 이들 문자를 모방했다는 설에 대하여 『훈민정음 해례본』에 근거하지 않는 허황된 설이라고 최

현배는 비판하였다. 『훈민정음 해례본』에서는 '字倣古篆'이라고 했지만 이는 아래 그림과 같이 한글이 전자 글꼴의 각진 모양을 본뜬 것에 불과하다.[34] 따라서 한글의 글꼴이 한자의 글꼴에 영향을 받은 것은 분명하다.

또한 산스크리트어, 파스파문자, 가림토 문자 등을 세종이 한글을 창제했을 당시에 참고했을 수도 있다. 그렇기 때문에 이들 문자들이 한글 창제의 배경을 이룰 순 있을 것이다. 그렇지만 산스크리트어, 가림토 문자, 파스파문자 등이 한글의 기원이라는 설은 합리적으로 받아들이기 어렵다. 왜냐하면 이 문자들이 직접 영향을 주었다는 문헌적 증거는 『훈민정음 해례본』에서도, 심지어 『조선왕조실록』에서도 찾을 수 없기 때문이다. 그리고 설령 그런 문자들이 부분적으로 유사한 부분이 있다고 하더라도 한글 창제원리에는 그런 문자들이 도저히 미치지 못하기 때문이다.

---

34   아래에 있는 그림은 전서체의 표본이다. 송성재, 『한글 타이포그래피』, 커뮤니케이션북스, 2013, p.15.

이 글은 한글의 기원을 추적하는 글이 아니라 한글의 철학적 의미를 탐구하는 글이다. 그러므로 한글의 철학적 의미를 밝히는 데 도움이 되는 선에서 간략하게 한글의 기원을 살펴보는 정도로 만족하자.

다만 『훈민정음 해례본』의 「정인지 서문」에서 분명히 한글이 음양오행 사상, 즉 천지자연의 이치를 담고 있음을 천명하고 있다. 그러니까 한글의 밑바탕에는 음양오행 사상, 태극 사상이 깔려있음을 아무도 부정할 수 없다. 그러나 이러한 사상에 따라 한글이 창제된 건 아니다. 그래서 「정인지 서문」에 '象形而字倣古篆'을 그대로 받아들이자는 한글학자 최현배의 주장을 본인도 찬성하는 바이다.

단지 모음 ·, ㅡ, ㅣ가 『해례본』에서는 하늘, 땅, 사람을 각각 본떠 창제되었다고 한다. 그러나 최현배는 이 문자들도 발음기관을 본떠 창제되었다고 보았다. "·는 입안의 복판에 나는 것이므로, 그 꼴이 가로도 아니요 세로도 아니다. … ㅡ는 소리 낼 적에, 혀가 평평하고 입은 좌우로 댕기는 맛이 있으므로 가로획으로 그 꼴을 삼았다. ㅣ는 소리 낼 적에, 혀가 우에서 아래로 내려가는 맛이 있으므로 세로획으로 그 꼴을 삼았다."[35] 이와 같이 보면 모음 ·, ㅡ, ㅣ도 자음 ㄱ, ㄴ, ㅁ, ㅅ, ㅇ처럼 발음기관을 본떠 만든 글자라고 해도 무방하다.

그러나 이런 견해가 그럴듯하게 보이지만 『해례본』에는 이런 내용이 없다. 그렇기 때문에 ·, ㅡ, ㅣ가 하늘, 땅, 사람을 본떠 만들어진 문자라

---

35   최현배, 『고친 한글갈』, 정음사, 1971, p.630.

고 인정하는 것이 오히려 음양오행 사상의 생태적 의미를 살릴 수 있는 길이라고 생각된다. 앞에서 언급했듯이 한글은 자연에서 이루어진 것이다(成於自然). 하늘, 땅, 사람이라는 삼재三才를 몬드리안의 추상화처럼 기하학적으로 단순화하여 ·, ㅡ, ㅣ라는 문자로 만들었다고 봐야 한다.

우리가 자연을 볼 때 자연을 기하학적으로 추상화하여 나올 수 있는 문자들은 인간의 상상력에는 분명히 제한적이다. 그렇기 때문에 파스파 문자나 히브리문자와 같은 문자들과 한글이 유사성이 있을 수밖에 없을 것이다. 따라서 그런 문자들과 한글이 유사성이 있다고 해서 한글의 독창성이 결코 사라지는 건 아니다. 한글은 자연을 본떠 만든 문자이고 천지자연의 이치가 담겨 있는 생태문자이기 때문이다.

끝으로 기원에 관해 한마디 더 하자. 데리다에 따르면 기원origin은 단일하지 않고 복잡다단하다. 그래서 그는 문자를 사생아에 비유했다. 사생아도 부모가 있겠지만 부모는 알 수가 없다. 문자란 여기저기로 퍼져나가면서 예상치 못한 전개과정을 보여줄 수 있기 때문이다. 그러므로 『해례본』에 나와 있는 문자의 권위를 우리가 받아들이는 것이 가장 건전한 태도가 아닌가 생각된다. 억지로 단일한 기원을 찾아 헤매는 것보다 그게 올바른 길이라고 생각된다. 『해례본』은 훈민정음을 창제한 세종의 인가를 받은 문건이고 『해례본』의 저자들은 훈민정음의 창제에 참여한 학자들이기 때문이다. 그러므로 한글의 기원에 관한 한, 『해례본』이 가장 신빙성 있는 문건이라고 생각된다.

한글이 세계 공용어가 되는 일은 아마도 복잡한 정치·경제적인 상황에서 불가능한 일일지 모른다. 그렇다고 하더라도 그건 우리가 고려해볼 만한 일이 아닐까 생각된다. 만일 그렇게 된다면 서양문화의 서양중심주의를 해체하여 서양문화가 생태적 문화로 거듭나게 하는 획기적인 일이 벌어질 수도 있을 것이기 때문이다. 그리고 K-pop이나 K-drama와는 비교도 할 수 없을 충격을 지구촌 문화에 줄 수도 있을 것이다. 설령 한글이 세계 공용어가 되지 않는다 하더라도 한글은 지구촌 문화가 생태적 문화로 거듭나고 서양문화가 생태적으로 전환하는 데 결정적 계기를 줄 수 있는 문자라는 의미를 함축한다. 왜냐하면 한글은 생태철학을 품고 있는 문자이면서도 동시에 과학적인 문자이기 때문이다.

세종의 한글 창제는 그 당시에 새로운 세계를 열었다. 이와 같이 21세기에는, 생태적 문화로의 전환이라는 새로운 세계를 열 수 있는 의미를 한글은 새롭게 품을 수 있을 것이다. 그리하여 한글의 철학적 의미를 두 가지로 요약하고 싶다.

첫째로, 한글은 서양문화, 철학의 서양중심주의, 인간중심주의를 실질적으로 극복할 수 있는 힘을 함축하는 문자이다.

둘째로, 한글은 서양문화가 생태적 문화로 전환하는 데에 세계적인 힘을 발휘할 수 있는 계기가 될 수 있는 문자이다.

우리가 세종의 한글 창제 정신을 새롭게 살린다면 이런 계기와 힘을 현실적으로 창조해낼 수 있을 것이다.

참고문헌

김만태, 「훈민정음의 제자원리와 역학사상」, 『철학사상 45』, 서울대학교 철학사상
　　연구소, 2012.

김슬옹, 『세종대왕과 훈민정음학』, 지식산업사, 2011.

김슬옹, 『훈민정음 해례본 입체 강독본』, 박이정, 2020.

김석진 역주, 『주역전의대전역해』, 대유학당, 1996.

김종의, 『음양오행』, 세종출판사, 2005.

거드리, 『희랍철학입문』, 박종현 옮김, 종로서적, 1992.

딩, 멜, 『추상미술』, 정무정 옮김, 열화당, 2003.

니에 바오메이, 「훈민정음 초성의 배열과 음양오행의 원리」, 『한글(312)』, 한글학
　　회, 2016.

송성재, 『한글 타이포그래피』, 커뮤니케이션북스, 2013.

류승국, 『한국의 유교』, 세종대왕기념사업회, 1980.

양계초, 풍우란 외, 『음양오행설의 연구』, 김홍경 편역, 신지서원, 1983.

월첵, 프랭크, 『뷰티풀 퀘스천』, 박병철 옮김, 흐름출판, 2018.

이순칠, 『퀀텀의 세계』, 해나루, 2022.

조홍길, 『헤겔, 역과 화엄을 만나다』, 한국학술정보, 2013.

조홍길, 『헤겔의 사변과 데리다의 차이』, 한국학술정보, 2011.

주희, 『근사록집해』, 이광호 옮김, 아카넷, 2004.

크리스테바, 줄리아, 『언어, 그 미지의 것』, 김인환 · 이수미 옮김, 민음사, 1997.

풍우란, 『중국철학사』, 정인재 역, 형설출판사, 1983.

최현배, 『고친 한글갈』, 정음문화사, 1971.

허웅, 『한글과 민족문화』, 세종대왕 기념회, 1974.

홍원식 역, 『황제내경소문』, 전통문화연구회, 1996.

Lucy, Niall, A Derrida Dictionary, Blackwell, 2005.

한글의 철학적 의미

초판인쇄 2023년 02월 03일
초판발행 2023년 02월 03일

지은이 조흥길
펴낸이 채종준
펴 낸 곳 한국학술정보(주)
주   소 경기도 파주시 회동길 230(문발동)
전   화 031-908-3181(대표)
팩   스 031-908-3189
홈페이지 http://ebook.kstudy.com
E-mail 출판사업부 publish@kstudy.com
등   록 제일산-115호(2000. 6. 19)

ISBN 979-11-6983-095-9 93100